F4211 Ba[illegible]

1. Barbie [illegible]
2. Barbie [illegible]
3. Barbie au[illegible]
4. Barbie, star de la mode
5. Barbie aux jeux olympiques
6. Barbie au pays des chevaux
7. Barbie en croisière
8. Barbie en safari-photo
9. Barbie chez la reine
10. Barbie star du rock
11. Barbie et le trésor des pirates
12. Barbie et le secret du pharaon
13. Barbie, reine de la musique
14. Barbie vétérinaire
15. Barbie journaliste
16. Barbie et le mystère de l'opéra
17. Le tour d'Europe de Barbie
18. Barbie et le cirque Stella
19. Barbie au parc aquatique
20. Barbie et la princesse Arc-en-Ciel
21. Barbie au palais des gâteaux
22. Barbie et le rallye à scooter

F4232 Les Schtroumpfs

1. Le château de la fée Morgane
2. L'élixir d'oubli
3. Les quatre portes
4. La pierre céleste

F4266 Sissi

1. La visite impériale
2. La route de Vienne
3. Seule à Schönbrunn
4. Dans la tourmente

F4255 Zorro

1. L'esprit du renard
2. Le village maudit
3. Les six clés du padre Antonio
4. Wahannah

Sont parus dans cette collection :

1. Les farces de Mélanie
2. Le trésor de Grégoire
3. Pioupiou s'évade...
4. Mistouffe, le petit poney
5. Pimprenelle et le poireau farceur
6. L'amitié de Mathieu et Kazan
7. L'escapade de Julie Moineau
8. Tibo, le petit chien sourd
9. Quatre cousins mènent l'enquête
10. Une émouvante rencontre
11. Le château des vacances
12. Picolinette ou la poupée magique
13. Les amis de Cadichon
14. Les exploits de Cadichon
15. La vie au moulin de Cadichon
16. Les mémoires de Cadichon
17. Nicolas à la ferme
18. Pas de panique, Ary !
19. Quel chaton turbulent !
20. Caramel, le gentil caniche
21. Une surprise pour Natacha
22. D'incroyables vacances
23. La semaine folle de Carole Domissol
24. Le cirque Fric-Frac
25. Zip, l'hirondelle
26. La balade des jouets
27. Minoutte, la petite chatte
28. Adorable Ciboulette
29. Attachants Tchip et Tchoup !
30. Mirabelle, la coccinelle
31. Turbulents... mais sympathiques !
32. Arnaud, le petit trapéziste
33. Trois enfants débrouillards
34. La veste magique de Julien
35. Lulu chez les Zog-Zog
36. Un amour de petit cocker
37. Fannie et la louve
38. Piaf-Piaf, le petit caniche volant
39. Le voyage de Limaçon, le petit train
40. Missouri, le chaton fugueur
41. Deux bonshommes de neige en vadrouille
42. Les crayons enchantés de Morgane
43. Lulu dans la vallée perdue
44. Saperli, le raton voyageur
45. Ilik et Atou, les petits Esquimaux
46. Clairon, l'éléphant
47. De si gentils kangourous
48. Rolph, fils de la louve
53. Le petit mouton noir
54. La première robe de Caroline
55. Fan-Fan des grands bois
56. Mille-Raies, le petit zèbre
57. Lulu sur la planète Axa
58. Quand Boule de Neige s'en mêle...
59. Noisette et ses frères
60. Picoti, le hérisson
61. La famille Croquignol déménage
62. Les sabots de Soizic
63. Lulu à la chasse aux dinosaures
64. Nicky, l'effarouché
73. Aglaé a disparu
74. Charlotte en bateau
75. Le pigeon d'or
76. Boréal, le petit ours blanc
77. Pipo, le cerf-volant
78. Erik le chétif
79. Dame Hermine se marie
80. Pleure pas, Miss Gouda !
81. Caroline Poil-de-Carotte
82. Ma voisine est une sorcière
83. Nicolas et le trésor de l'arc-en-ciel
84. Le grand voyage de Tifou et Carotte
85. Nicolas, le petit échassier
86. Jolicœur, le chien qui parle
87. Lulu chez les abeilles
88. Le voyage du prince Misha
89. Stéphanie dans le ventre de la Lune
90. Les enfants du bout du monde
91. Shazam, le petit magicien
92. Un super papy
93. Chipie, la mouette
94. Le père Noël qui avait peur des enfants

Dans notre série : « Mini-Club » :

UNE EMOUVANTE RENCONTRE

Une histoire de
Dominique Garde

Illustrée par
Jacques Geron

Editions HEMMA

Chapitre I

LES SULLIVAN

Tout d'abord, mes petits amis, permettez-moi de vous présenter rapidement la famille Sullivan. Monsieur et madame Sullivan sont anglais et viennent de s'installer dans cette petite ville d'Afrique où

se déroule notre histoire. Cette ville est située au bord de la mer et elle se trouve tout près d'une grande forêt.
Les Sullivan ont trois enfants : l'aîné, Chris, est un garçon âgé de treize ans; Leslie, la cadette, est une charmante fillette de onze ans, quant au benjamin, Michaël, il a quatre ans et c'est un petit garçon fort espiègle.
Voilà cette famille au complet. Elle est très sympathique et je suis sûre que vous voulez savoir comment un jour un petit singe a voulu en faire partie. Pourquoi pas?
Voici comment cela s'est produit.

Chapitre II

LE PIQUE-NIQUE

Ce jour-là était un dimanche. Un petit chimpanzé se reposait sur l'une des branches de son baobab favori, quand soudain, dérangé par un bruit inhabituel, il s'assit étonné et tendit l'oreille.

– J’entends un ronflement bizarre, se dit-il. Oh ! un monstre inquiétant approche de mon arbre !
En effet, un drôle d’engin déboucha dans la clairière, fonça droit vers son arbre et stoppa.
Le petit singe, effrayé, grimpa très très haut redoutant un danger, puis attendit la suite des événements sans faire de bruit.

Ce drôle d'engin était seulement une jeep d'où descendit la famille Sullivan...

– C'est super, ici! s'écria Chris en sautant à terre.

– Oui, et nous serons très bien sous cet arbre pour déjeuner, remarqua madame Sullivan en sortant de voiture à son tour.

– Chris, aide-moi à déballer le matériel, dit papa. Ensuite, nous irons repérer un coin pour pêcher; la rivière se trouve un peu plus bas.

– D'accord, papa! répondit le jeune garçon en sortant les cannes à pêche.

– Ce sera prêt quand vous reviendrez, déclara madame Sullivan en étalant une nappe sur l'herbe; mais ne traînez pas trop, j'ai une faim de loup!...

Tranquille là-haut dans son arbre, le jeune chimpanzé ne perdait rien du spectacle qui se déroulait sous ses yeux.

Il voyait des hommes pour la première fois, et il n'était qu'à demi rassuré; dans sa famille, on lui avait fortement recommandé de se méfier des chasseurs.

A bien les observer, il se rendit compte que ces humains-là ne paraissaient pas méchants. Ils semblaient n'avoir aucun fusil ou arme avec eux.

Cependant, ils sortaient du coffre de la voiture plein d'objets ahurissants. Il valait mieux être prudent.

Chapitre III

L'OBSERVATEUR

Madame Sullivan et Leslie, loin de se douter que deux yeux curieux et malicieux les observaient, disposaient des mets bien appétissants sur la nappe.

– Rien ne manque, je crois, déclara

madame Sullivan en inspectant le couvert du regard ; il n'y a plus qu'à attendre papa et Chris.

Elle ajouta :

– C'est très joli, par ici. Je vais prendre quelques photos.

Elle s'éloigna de dix mètres.

– Je vais jouer au ballon avec Michaël ; il n'est pas loin, dit Leslie.

Le champ était libre ; plus personne au pied de l'arbre.

C'était plutôt tentant !...

Et le chimpanzé pensa cela en descendant, rapide comme l'éclair, de son observatoire. D'un bond, il se retrouva sur la nappe.

– Qu'est-ce que c'est ? se demanda-t-il en attrapant une assiette.

Il la tourna et la retourna l'examinant d'un air perplexe.

– Et ça?

Il posa l'assiette, prit un verre, le reposa. Il fit de même avec tous les objets se trouvant à sa portée. Toutefois, il regardait discrètement si personne ne revenait.

Puis, avisant une banane, il s'en empara et remonta vivement dans son arbre avec le fruit.

Il était temps, d'ailleurs!

Madame Sullivan revenait.

– Que s'est-il passé? s'exclama-t-elle, très surprise en regardant la nappe où tout était sens dessus dessous.

Elle appela sa fille. Cette dernière accourut.

– Regarde ce chantier, dit-elle. Qui a fait ça?

– Pas moi, dit la fillette, peut-être

est-ce Michaël, avec son ballon?
Madame Sullivan secoua la tête.
– On l'aurait vu. Enfin, ce n'est pas grave.
Elle remit les assiettes et les objets en ordre et vit arriver son mari et son fils.
Elle leur parla de ce qui s'était passé, mais l'oublia très vite.
La famille s'installa et déjeuna avec appétit.
Le petit singe, dans son arbre, dégustait la banane et continuait à observer la famille Sullivan.
Au moment du dessert, il se passa quelque chose d'étrange.
– Le jeu de ballon t'a ouvert l'appétit, nota madame Sullivan en parlant à Michaël. Je suppose que tu veux une banane?

– Oui, dit Michaël.

– J'en ai mis une pour toi sur la glacière tout à l'heure, dit madame Sullivan, prends-la.

– Elle n'y est pas, dit le petit garçon.

– Je suis sûre pourtant de l'y avoir posée, répliqua madame Sullivan. Il se passe des choses curieuses décidément.

– Ce doit être un fantôme, se moqua monsieur Sullivan.
Puis, sérieux :
– Tu as dû l'oublier à la maison. Tu as pris les autres fruits.
– Sans doute, répondit madame Sullivan un peu étonnée.
Elle leva les yeux vers le ciel et se rendit compte que de gros nuages arrivaient.
– Nous allons avoir un orage, dit-elle; il faut rentrer.
– Oui, répondit monsieur Sullivan, je sens des gouttes... Dépêchons-nous.
– Allez, les enfants, aidez-moi à tout ranger, dit madame Sullivan.
– D'accord, répondirent les trois enfants en ramassant les objets au plus vite.

Ils pensaient avoir tout remis dans la voiture. Ils pensaient avoir tout bien vérifié.

– Nous n'avons rien oublié? demanda madame Sullivan.

– Rien, rien, dit Leslie.

Et pourtant si : il restait dans un coin une petite balle rouge. Elle ne fut pas perdue pour tout le monde. En effet, une fois la voiture partie, notre ami le singe, l'ayant vue, descendit de son arbre pour la ramasser. Il la serra fort contre lui...

Chapitre IV

LA RENCONTRE

Le dimanche suivant, le temps était magnifique, et la famille Sullivan décida de retourner au même endroit.

– Cette fois, dit monsieur Sullivan, j'espère que nous pourrons pêcher.

– Sans doute, dit Chris.

La jeep s'arrêta à la place choisie la semaine précédente, c'est-à-dire près du baobab.

Le petit singe, toujours sur sa branche préférée, ne bougea point cette fois en reconnaissant la voiture; il savait qu'il n'avait rien à craindre. Il ne se séparait plus de la petite balle rouge.

Toute la semaine, il s'était amusé à la faire rouler, la lancer, courir après elle. C'était extraordinaire!

Aujourd'hui, confortablement installé dans son arbre, jouant avec la balle, il regardait la famille Sullivan débarquer de voiture.

– J'espére que nous n'aurons pas d'orage cette fois, déclara monsieur Sullivan, j'aimerais bien pouvoir

pêcher !...
Le couvert fut rapidement mis, et tout le monde mangeait avec appétit en bavardant gaiement, quand, PLOUF !... quelque chose atterrit au beau milieu de la tarte au citron, confectionnée par madame Sullivan. Une chose toute ronde, toute rouge ! Vous avez deviné.
Il s'agissait de la balle rouge.

Le petit singe venait de la lâcher !... D'abord surpris, les Sullivan se regardèrent sans comprendre, puis ils levèrent la tête en direction du baobab, mais ils virent seulement des feuilles.

– Ça recommence !... Il y a un fantôme dans le coin, à n'en pas douter ! s'exclama Chris.

– Tiens !... Je vois ton fantôme !

déclara monsieur Sullivan.

Et montrant une branche du doigt :

– Là !

Le chimpanzé, curieux, n'avait pu s'empêcher de passer sa tête à travers les feuilles.

Il regardait le grou trou fait par la balle dans le gâteau.

– Je ne vois rien ! dit Leslie en fixant de son mieux.

– Si !... là ! un minuscule chimpanzé ; je viens de voir sa tête ! Il est sur la branche, là-haut ! Hop ! Il a disparu !...

– Ah, mais je comprends tout ! s'exclama madame Sullivan ; c'est lui qui a dû nous rendre visite dimanche dernier ; il a mis le désordre et mangé la banane de Michaël !... Quel coquin !...

– Et il a certainement retrouvé la balle rouge... reprit Chris; tu vois, ce n'était pas la peine de pleurer pour si peu, Michaël!

– Tout s'explique, poursuivit madame Sullivan.

Pendant ce temps, le petit singe était inquiet. Il avait été découvert, et maintenant, il s'interrogeait.

Qu'allaient faire ces gens?

Comptaient-ils monter dans l'arbre pour le capturer?

Il n'osait plus du tout bouger...

Il n'avait plus sa petite balle! Elle était perdue pour lui...

Leslie tenta de le rassurer :

– Viens, n'aie pas peur!

Chapitre V

L'APPRIVOISEMENT

– Tiens, dit Michaël.
Il lui tendit la balle.
– Tiens! Viens! dit à son tour madame Sullivan en lui offrant une banane.
Chacun essayait de trouver un

moyen pour apprivoiser le singe. Une banane! et la chère balle rouge! C'était bien tentant!

Le petit singe hésita, puis descendit du baobab...

– Ah!... le voilà!...

– Comme il est mignon!...

– Il est tout doux.

Le chimpanzé regardait étonné les personnes de la famille.

– Comme ils sont grands, vus de près! Mais ils ne semblent pas méchants, se dit-il.

– N'aie pas peur, petit singe! déclara Michaël en lui tendant la balle. Puis, il donna le fruit :

– Et voilà la banane!

Le singe, mis en confiance, s'approcha, saisit la balle, la posa devant lui et prit la banane. Il était heureux.

Enfin on le pensait.
Ensuite, il s'assit et sans plus attendre, éplucha le fruit.

– On devrait l'emmener à la maison, déclara Leslie.

– Non, il serait malheureux, répondit monsieur Sullivan; il doit vivre en liberté dans sa forêt.

– Papa a raison, approuva madame Sullivan; les singes font

beaucoup de dégâts dans une maison.

– Oh! c'est dommage! dirent ensemble les enfants.

– Ne soyez pas tristes! Vous savez, s'il habite dans cet arbre comme je le crois, nous le verrons très souvent, puisque nous reviendrons ici le dimanche.

– Il faudrait lui trouver un nom, déclara Leslie.

– Si on l'appelait Peluche? proposa Chris.

– Non! Ouistiti! dit Michaël.

– Pas très original!

– Pourquoi pas Kim? demanda madame Sullivan.

– C'est génial, maman!

– Oh oui! C'est bien!

Ainsi, le petit singe fut baptisé Kim.

Chapitre VI

LES NOUVEAUX AMIS

A présent, Kim guettait ses nouveaux amis avec impatience. L'attente lui semblait longue!... Quand enfin, il entendait le ronronnement du moteur, il descendait de son arbre à toute vitesse et courait

à la rencontre de la voiture.
Monsieur Sullivan ralentissait pour permettre à Kim de grimper sur le capot ; et, tandis que la voiture continuait sa route, Kim, très fier, regardait tout autour de lui, l'air triomphant.
Lorsque la jeep s'arrêtait, il sautait à terre, et, poussant des cris de joie, il faisait une espèce de danse en

attendant que ses amis descendent à leur tour, puis, il sautait au cou de chacun.

Et chaque dimanche, il accueillait ses amis de cette façon.

Ensuite, il «aidait» madame Sullivan et Leslie à installer le couvert; il sortait toutes les affaires des paniers et de la glacière avec précipitation; il les jetait sur la nappe. Il fallait voir le désordre!

– Heureusement, la vaisselle est incassable! disait Leslie.

Visiblement, Kim était très content de passer à table.

Une serviette autour du cou, il prenait place entre Leslie et Michaël. Il était aussi gourmand qu'eux et ne refusait jamais une friandise ou un gâteau.

Un jour, Michaël lui montra une nouvelle friandise :

– Tiens, Kim ! lui dit-il.

Il lui offrit un bâtonnet glacé.

– Mais il n'aime pas ça ! dit madame Sullivan ; tant pis pour toi, Michaël c'est ton dessert ! et tu n'en auras pas d'autre.

Il était trop tard pour réagir.

Le singe s'était avait pris la glace.

Il mordit dedans à pleines dents et fit une horrible grimace pour le plus grand amusement des Sullivan.

– Oh ! dit Chris en riant, il est trop drôle !...

Pourtant, Kim parut aimer sa glace et la termina.

Chapitre VII

LES JEUX

Après le repas, Kim avait l'habitude de se percher sur l'épaule de monsieur Sullivan pour se rendre à la rivière. Il allait à la pêche lui aussi. Il s'installait confortablement à côté du papa ou de Chris et observait

attentivement le bouchon.
Lorsque ce dernier bougeait, il se mettait à danser, et quand le poisson apparaissait tout frétillant au bout de la ligne, Kim se déchaînait, applaudissant à tour de bras!...
Il lui arrivait de trouver le temps long, alors, il partait rejoindre Michaël et Leslie.
Il jouait avec Michaël.
– Regarde, maman! il sait faire rouler mes voitures! s'étonna un jour le petit garçon en voyant Kim l'imiter dans ce jeu.
Et il dit au singe.
– Chouette!... Tu vas jouer avec moi, Kim! Tiens, je te prête celle-ci; elle roule mieux.
Kim semblait émerveillé.
Docile, il regardait Michaël et

copiait tous ses gestes. Il poussait des petits cris joyeux.
L'enfant, pour sa part, était content d'avoir trouvé ce nouvel ami. Non seulement ce dernier partageait ses jeux, mais encore, il ne le contrariait jamais.
– Comme il ne peut pas parler, nous sommes toujours d'accord, disait le petit garçon à sa mère.

– C'est vrai, répondait madame Sullivan, et de plus, c'est un compagnon charmant.

Il leur arrivait de jouer parfois avec la petite balle rouge. Kim s'en montrait enchanté; il avait appris à bien la lancer à Michaël et à la recevoir.

Mais de tous les jeux proposés, Kim préférait le jeu de boules. Il se montrait d'une adresse étonnante, et il gagnait souvent.

– Bravo, Kim! disaient les Sullivan.

Puis, l'heure du départ arrivait.

Kim embrassait les Sullivan, et les regardait partir avant de regagner son arbre.

Chapitre VIII

PERSONNE

Kim, on s'en doute, ne savait pas compter... Il ne connaissait pas non plus les jours de la semaine. Mais en attendant les visites de ses amis, il retrouvait ses frères et sœurs chimpanzés et partageait leurs jeux.

Cependant, il leur interdisait l'entrée de la clairière. Il voulait garder pour lui tout seul l'amitié de la famille Sullivan.

Il y eut bien de nombreuses disputes avec les autres singes, mais ils finirent par céder et laissèrent Kim propriétaire de la clairière et du baobab.

– Fais ce que tu veux, dirent-ils.

Kim fut ravi. Il voulait rester maître de son territoire à jamais. D'autant que dans un creux de l'arbre, il cachait un trésor : la fameuse petite balle rouge...

Les jours s'écoulaient ainsi dans l'attente des Sullivan.

Il arriva un moment cependant, où Kim commença à trouver le temps long. Il lui semblait que ses amis n'étaient pas venus depuis très très longtemps.

Un matin, pourtant, il fut heureux.

– Tiens !... les voilà !... enfin !... se dit-il en entendant le bruit d'un moteur au loin.

Vite, il descendit de l'arbre, fou de joie. Puis, il s'arrêta net en voyant déboucher un camion dans la clairière. Il était désolé.

– Mais… ce n'est pas la voiture de mes amis ! Il y a plein d'hommes là-dedans ! Pourvu qu'ils ne me voient pas ! se dit-il en regagnant sa cachette.
Il se sentit en sûreté, respira :
– Ouf ! sauvé ! J'espère qu'ils ne vont pas s'arrêter !
Son vœu fut exaucé; le camion transportant des bûcherons continua

sa route.
Après cette fausse alerte, le silence revint dans la clairière.
Le lendemain et les jours suivants, Kim vit le camion passer régulièrement devant son arbre et il s'y habitua.
Le temps s'écoulait : la jeep ne revenait pas.
Que se passait-il?
Kim n'avait plus envie de jouer avec ses frères et sœurs. Il se sentait triste.
Sa petite balle dans la main droite, il marchait sans but dans la clairière.
Il écoutait tous les bruits ressemblant à ceux d'un moteur. Il écoutait... écoutait. Il n'entendait que le chant des oiseaux, les cris des singes ou d'autres animaux. Il entendait le galop des gazelles.

– Que font mes amis? se demandait Kim de plus en plus triste.
Un beau matin, il se sentit encore plus malheureux que les jours précédents. Il prit une décision :
– Je vais aller à leur rencontre; le temps me paraîtra moins long ainsi.
Il se mit à marcher sur le chemin où il avait l'habitude de voir arriver la jeep. Hélas, les premiers kilomètres ne lui apportèrent rien de plus. Personne, personne...
Il avança encore les jours suivants et pensa :
– Je dois les retrouver.

Chapitre IX

LA GRANDE AVENTURE

La petite balle toujours dans sa main, Kim, d'arbustes en taillis, de taillis en fourrés, s'éloigna petit à petit de la clairière.
Il fit en sorte cependant, de suivre le chemin afin de surveiller l'arrivée

éventuelle de ses amis.

Un de ses cousins fut surpris de le voir si loin.

– Eh !... Kim !... où vas-tu par là ? cria-t-il.

– Laisse-moi tranquille !

– Quel fichu caractère ! déclara le cousin. Tu vas te perdre, je te préviens.

Kim haussa les épaules et poursuivit sa route sans s'occuper du conseil de son parent.

– Il a sans doute raison, pensa-t-il, je ne sais pas du tout où je vais, mais je dois retrouver mes amis.

– Il avançait au hasard, guidé par l'espoir de les revoir ; son amitié pour eux était plus forte que tout et il marchait, marchait... Il savait que sans eux, il ne pourrait plus vivre

normalement.
Epuisé, il finit par s'arrêter un moment au bord de la rivière pour se désaltérer et reprendre quelques forces. Il but et s'allongea sur le sol. Il commençait à somnoler, quand soudain, un léger bruissement le fit sursauter. Il se redressa vivement, regarda autour de lui. Il ne vit rien. Tout était calme; seule, une brise

légère agitait les roseaux.
– Jai dû rêver, se dit-il.
Rassuré, il s'allongea de nouveau, et allait s'endormir, lorsqu'une sorte de claquement sec retentit à ses oreilles.
– Qu'est-ce que c'est ? se dit notre Kim.
Il ouvrit les yeux juste à temps pour voir devant lui, énorme et grande ouverte, la gueule menaçante d'un crocodile.
– Oh ! se dit Kim, quel gouffre !
Et avec l'agilité dont les singes font preuve, il grimpa sur l'une des branches d'un arbre proche.
Le crocodile, furieux d'avoir manqué son repas, repartit vers la rivière à la recherche d'un autre repas. Il pleurait de rage, mais c'étaient des

larmes de crocodile et elles ne doivent pas nous attendrir ; elles ne sont pas sincères.

Kim resta un moment sur sa branche, tout tremblant ; puis, sautant d'arbre en arbre, il s'en alla bien loin de ce méchant.

– Ouf ! se dit-il, je l'ai échappé belle !

Brusquement, il constata :

– Oh, ma petite balle! Je l'ai oubliée au bord de l'eau.
Il ne retourna pas sur ses pas. Cela eût été imprudent. Le crocodile aurait pu revenir.
Kim résolut de continuer sa route.
– J'ai fait face à un danger, se dit-il, j'en affronterai d'autres. Je dois retrouver mes amis envers et contre tout.
Tout à coup, la forêt s'éclaircit et Kim entendit une sorte de grondement sourd. Il pensa :
– Qu'est-ce que c'est?
Il décida d'aller voir.

Chapitre X

LA DÉCOUVERTE

Kim n'était pas spécialement craintif, et comme il était curieux, il poursuivit son chemin, guidé par bruit. Il s'arrêta, émerveillé devant la mer. En effet, la forêt débouchait sur des rocher et une plage superbe.

– Oh ! se dit Kim.
Il marcha sur le sable chaud.
– Aïe ! Ça brûle ! pensa-t-il.
Il préféra sauter sur un rocher pour admirer le spectacle : devant lui, la mer verte et transparente s'étendait à perte de vue; des vagues ourlées d'écume blanche venaient mourir doucement sur la plage.
C'était magnifique.

– Ainsi, pensa-t-il, il y a autre chose que la forêt dans le monde.
Il ne regrettait pas d'avoir quitté sa clairière et songeait :
– Dommage que mon stupide cousin ne voit pas cela !
Tout était bien sans doute, mais le chemin n'existait plus.
Kim resta un moment immobile, puis, comme le jour baissait, il sentit de nouveau la fatigue l'envahir.
– Je vais rester là pour la nuit, se dit-il.
Et il s'installa dans un des creux du rocher.
Le lendemain matin, un bruit de voix le réveilla.
Il ouvrit un œil : le soleil était déjà haut ; l'endroit, si tranquille la veille, retentissait de cris d'enfants qui

s'ébattaient joyeusement dans l'eau. Se croyant bien à l'abri dans son creux de rocher, Kim referma les yeux. Pas pour longtemps!
Il sursauta.
– Oh! que tu es mignon! claironnait une voix enfantine.
Et une petite main potelée se tendait vers lui.
– Fuir! se dit Kim.
Il se leva d'un bond et courut aussi vite qu'il le put, poursuivi par une petite fille.
– Chloé! Chloé! où es-tu? reviens ici! ordonna sa maman.
Et la fillette abandonna sa poursuite.

Chapitre XI

VERS LA VILLE

Après cette nouvelle alerte, Kim jugea préférable de ne pas trop se montrer à découvert. Il longea la plage en se cachant dans les buissons.

– Ce sera plus sûr, pensa-t-il.

La faim commença bientôt à se faire sentir. Il n'avait rien mangé depuis vingt-quatre heures. C'était bien long !

Il regarda autour de lui et aperçut un cocotier. Tout aurait été parfait s'il n'y avait eu un ennui : en effet, en dessous se reposaient deux jeunes filles. Kim était hésitant.

– Que faire? se dit-il.

La faim l'emporta sur le danger. Il escalada le tronc jusqu'au sommet de l'arbre où se trouvaient les noix.

– Je vais apaiser ma faim, se dit-il en tendant la main vers l'un des fruits.

Il allait atteindre son but, quand il ressentit une douleur à la queue. Il fut surpris. Que se passait-il?

– Aïe! Aïe!

Le pincement s'accentuait, devenait de plus en plus fort. De quoi s'agissait-il?

– Aïe, Aïe! qu'est-ce qui me coince la queue? se demanda Kim.

Il se retourna et vit un crabe des cocotiers, décidé à se bagarrer.

– Vas-tu me laisser, sale bête? demanda Kim.

Mais au mouvement fait pour se

délivrer des pinces, il laissa tomber la noix de coco à peine cueillie. Elle atterrit entre les deux jeunes filles : PLAF !

Furieuses, elles levèrent la tête, et apercevant Kim se mirent à l'injurier :

– Vilain singe, tu vas voir !

Et elles se hâtèrent de secouer le cocotier de toutes leurs forces. Les noix de coco tombèrent ; le crabe en fit autant. Kim sauta dans l'arbre voisin et s'échappa une fois de plus.

– Ouf ! se dit-il, la vie ici, n'est pas facile. Il continua sa route et arriva bientôt à l'entrée de la ville.

Chapitre XII

LA VILLE

Kim découvrit une rue très mouvementée.

– Où suis-je venu me fourrer? Que de maisons! Où est celle de mes amis? Je n'arriverai jamais à les retrouver! Et je ne peux plus

retourner dans ma forêt; je suis perdu!
Deux larmes coulèrent de ses yeux. Il tenta de reprendre courage :
– A quoi bon me lamenter? je dois continuer à chercher, pensa-t-il. L'ennui, est qu'ici je ne vais pas pouvoir me cacher, je ne vois ni arbres ni buissons; comment faire?...Oh! J'ai une idée!...

Kim n'était jamais à cours d'astuces ; il se glissa sous une voiture en stationnement le long d'un trottoir et se faufila dans cette sorte de tunnel.

Arrivé au bout de la file de voitures, il fut obligé de traverser la rue en se montrant.

Il s'élança et réalisa une course en zigzag entre les voitures arrêtées au feu rouge.

– Sauvé ! voilà de nouveau un tunnel, se dit-il.

Il s'engagea sous une autre file de voitures en stationnement.

– Quel bruit ici ! pensa-t-il soudain, à l'abri d'une voiture en train de démarrer.

Kim, ayant peur de se faire écraser, ne s'éternisa pas dans le coin.

Il s'inquiéta :
– Si seulement je savais où aller ! Ça irait mieux !
Il circula ainsi de tunnel en tunnel, espérant rencontrer ceux qu'il cherchait mais en vain. Kim se disait :
– Les gens sont pressés ; où vont-ils si vite ?
Depuis son arrivée en ville, Kim avait vu défiler sous ses yeux des centaines et des centaines de pieds, portant des chaussures de toutes formes et de toutes couleurs. Il y en avait vraiment pour tous les goûts.
Kim pensa :
– Il faut sortir de là-dessous ; sinon, en ne voyant que des pieds, je ne reconnaîtrai pas mes amis.

Chapitre XIII

LE SUPERMARCHÉ

Kim aperçut enfin une rue plus tranquille. Il se dit :

– Personne par là ; je vais pouvoir quitter ma cachette et respirer un peu.

Après avoir fait quelques mètres, il

se retrouva dans une impasse bordée de hauts murs et encombrée de cartons.
Deux hommes déchargeaient des caisses d'un camion. Lorsqu'il les vit disparaître à l'intérieur d'un bâtiment, Kim, très affamé, se précipita pour inspecter le contenu d'une des caisses.
Ô joie ! dans cette caisse, il y avait devinez quoi ?... des bananes !
– Je vais me cacher là-dedans et manger tout ce que je voudrai, se dit Kim.
Il disparut dans une caisse à demi pleine et commença à éplucher une banane. Tout était pour le mieux. Mais soudain, les hommes revinrent et le singe entendit :
– Plus qu'une et c'est fini.

Kim se fit tout petit; il attira des fruits sur lui pour se dissimuler à leur vue.

Il était temps! les hommes soulevaient la caisse.

Curieux vraiment d'être transporté dans les airs!...

Vlan! L'atterrissage fut un peu brusque. Ces hommes ne travaillaient pas en douceur!...

– C'est terminé pour ce soir, dit l'un d'eux en s'éloignant.
Kim entendit alors une lourde porte en fer se refermer, puis, ce fut le silence.
Il en profita pour jeter prudemment un coup d'œil par-dessus sa caisse. Apparemment, il était seul dans un grand hangar rempli de caisses et de cartons.

Cependant, en prêtant l'oreille, il eut l'impression d'entendre de la musique. Il pensa :

– Hé, qu'est-ce que c'est?

Il sortit de sa cachette et se dirigea vers une porte entrebâillée.

Beaucoup de lumières et de bruit de l'autre côté! Que signifiait cela? Cette porte donnait dans le supermarché.

Kim vit passer des choses étranges à roulettes.

Les gens poussaient devant eux ces espèces de petites voitures remplies d'objets divers. Elles roulaient tant bien que mal, créant des embouteillages.

– Quel monde! pensa Kim, c'est encore plus dangereux que la rue! Je retourne dans ma caisse.

Quelques instants plus tard, il s'endormait profondément.
Quand il se réveilla, il n'entendit plus la musique.
Avec précaution, il se dirigea vers le magasin, mais la porte était fermée.
Il courut jusqu'à la grosse porte en fer. Elle était fermée aussi.
– Comment vais-je sortir? se demanda Kim.
Il essaya de pousser la grosse porte, de l'enfoncer, de la secouer.
En pure perte! Malgré tous ses efforts, elle ne bougeait pas.
Découragé, il s'assit et prit une banane. Que faire d'autre?
Soudain, il entendit un bruit dans la serrure. Quelqu'un semblait vouloir ouvrir la porte de l'extérieur.
– Sauvé! voilà du monde! je vais

pouvoir m'en aller, se dit Kim.
Toutefois, par prudence, il regagna sa caisse et attendit.
En effet, au bout d'un moment, la porte s'ouvrit, accompagnée d'un hurlement de sirène assez puissant.
Kim se recroquevilla.
– Mes tympans! se dit notre ami, les mains sur les oreilles pour ne plus entendre ce vacarme.

Que se passait-il encore?
Alors, le hangar s'éclaira et deux policiers entrèrent; l'un d'eux appuyant sur un bouton, arrêta la sirène. Il dit à l'autre :

– Apparemment, ils n'ont rien pris; le système d'alarme s'est déclenché aussitôt; ils ont dû avoir peur et se sont enfuis.

– Il faut malgré tout vérifier l'autre porte, répondit le second policier.

Ils se dirigèrent vers le magasin. Kim en profita pour sortir. Il se faufila et gagna la rue au plus vite.
Un nouveau jour se levait; que lui réservait-il?

Chapitre XIV

LES CHATS

Kim avait peut-être eu peur, mais du moins, il avait l'estomac plein; c'était une compensation.
Comme la veille, il recommença à circuler sous les voitures en stationnement, et finit de cette manière, par

traverser la ville. Puis, les voitures se firent plus rares, et les maisons aussi.
Le quartier étant désert, il put marcher à l'air libre.
– Ouf! se dit-il, c'est mieux!
Mais plus il avançait, plus la rue devenait sale et sentait mauvais.
– Mes amis n'habitent sûrement pas par ici, inutile de continuer. Je vais retourner en ville. Oh! qu'y a-t-il, là-derrière?
Poussé par sa curiosité, il se glissa entre deux planches d'une clôture qu'il longeait depuis un moment.
– Quel bazar! constata-t-il en pénétrant dans un enclos rempli de vieilles choses jetées.
C'était une décharge publique. Et il fut surpris.

– On dirait la poupée de Leslie, mais celle-ci est toute cassée, se dit notre ami.
Kim saisissait des objets, les rejetait, et de vieillerie en vieillerie, il avançait à travers le terrain vague, très absorbé par ses trouvailles.
Il était tellement occupé à fouiller, parmi les détritus et les sacs éventrés, qu'il ne vit pas les maîtres des

lieux arriver sans bruit.
C'étaient deux chats de gouttière, deux gros matous le poil hérissé, qui n'étaient pas contents, mais pas du tout, de trouver Kim sur leur terrain. Ils s'approchaient sournoisement de lui pour le surprendre.
Soudain, ils s'arrêtèrent et bondirent ensemble sur un petit rat. Ce dernier avait eu le malheur de se trouver sur

leur chemin.
Et ce qui devait arriver, arriva : une bagarre bien organisée s'engagea entre les deux chats méchants.
En entendant les miaulements et les cris des deux matous, Kim se retourna et comprit.
Il n'avait pas intérêt à rester dans le coin. Il s'enfuit au plus vite. Pourtant, en dépit de la bataille acharnée, un des chats avait gardé un œil sur Kim. En le voyant s'en aller, il abandonna le rat pour donner la chasse au singe.
– Sur notre propriété ! Miaou !
Un rat, il en retrouverait par ici ; mais cette bête inconnue méritait une bonne leçon...
Il allait la lui donner.
Conscient du danger, Kim se mit à

courir plus vite. Le chat le suivit de près...

– Cette fois, c'est fini ! il va me rattraper, pensa Kim.

Il sentait le chat gagner du terrain. Alors, un lampadaire apparut. Une véritable chance !...

En un rien de temps, Kim se retrouva perché sur la lampe. OUF ! OUF !!

Seulement, les chats savent aussi grimper ! Et notre matou, prenant son élan, se jeta sur le poteau. Il retomba au sol avec rage.

Kim s'inquiéta ; si le chat parvenait à monter, il serait pris au piège... et comment s'en sortir ?

Le matou fit plusieurs tentatives en vain pour grimper.

– Miaou ! miaou !

Il faisait des efforts désespérés, mais ne parvenait pas à s'agripper au poteau. Ses pattes glissaient sur le ciment. Il était ridicule.

– Miaou ! miaou !

Furieux, il dut renoncer à atteindre son but, pendant un moment du moins... car il était têtu et il décida d'attendre Kim.

– Miaou ! miaou !

Kim finirait bien par redescendre de son perchoir. Le chat en était sûr. Il crachait, faisait le gros dos en regardant le petit singe qui triomphait, tout là-haut.

– Cela risque de durer longtemps, pensa Kim, et qui de nous deux se lassera le premier?

Il en était là de ses réflexions, lorsqu'il vit le chat détaler à toute vitesse et subitement.

– Que se passe-t-il? se demanda notre ami.

Un gros chien noir se lançait à la poursuite du matou.

– Ouf! se dit Kim, je peux redescendre à présent; mais il vaut mieux que j'aille dans un autre endroit. C'est plus sage...

Chapitre XV

KIM À L'ÉCOLE

Après ces grosses émotions, Kim regagna la ville.
En débouchant dans une petite rue calme, il s'arrêta et tendit l'oreille.
Il lui semblait entendre des cris et des rires d'enfants.

Oui, c'était bien cela! Non loin d'ici, des enfants étaient en train de jouer; mais où?

Guidé par les voix enfantines, il poursuivit son chemin. Il arriva à une bâtisse colorée devant laquelle se trouvaient des petits garçons et des petites filles.

– Enfin! pensa-t-il tout joyeux, Michaël est sûrement ici; mais comment le retrouver dans ces groupes? Oh! attention! voilà une petite fille! Je vais me cacher!

Par chance, une fois encore, un arbre était à sa portée; Kim disparut dans le feuillage et regarda :

– Parfait! je vois tout! Mais où est Michaël? Là-bas? Non, c'est une fille! L'autre? C'est un garçon, mais il est trop grand! Je n'y arriverai jamais! si seulement ils arrêtaient de bouger et de courir dans tous les sens, ce serait plus facile! vraiment plus facile!

Kim, découragé une fois de plus, ferma les yeux et pensa de nouveau aux moments merveilleux passés avec ses petits amis. Pourquoi n'étaient-ils pas revenus le voir dans la forêt? Etaient-ils fâchés?

Kim se sentait le cœur gros.
Tout à coup, une cloche retentit : ding - ding - ding... Il vit les enfants courir vers la porte et se mettre en rangs; puis, sagement, ils entrèrent dans le bâtiment.
La cour étant libre, Kim descendit de l'arbre et s'approcha du mur où se trouvaient de grandes fenêtres. Elles étaient trop hautes et il avait beau sauter, il ne voyait rien à l'intérieur.
Il regarda autour de lui, et vit une gouttière. Il fut surpris.
– Quel arbre bizarre! sans feuilles! Je vais y grimper, se dit-il. Une de ses branches passe le long du toit. Voyons! voyons!
Et agrippé à cette gouttière bienvenue, notre ami singe se hissa jusqu'à

la première fenêtre. Dans la classe, les élèves très attentifs copiaient le texte écrit au tableau par l'institutrice.

– Ils sont bien sages, se dit Kim, et bien appliqués.

Il écarquilla les yeux, examina attentivement les enfants les uns après les autres, et dut admettre qu'il ne connaissait personne. Il décida :

– Poursuivons nos recherches.

Avec adresse, notre singe longea la gouttière et parvint à «la branche qui passe le long du toit».

– Peut-être aurai-je plus de chance? pensa Kim.

Il examina les classes les unes après les autres, la tête en bas. C'était une position des plus inconfortables, mais il devait absolument aller jusqu'au bout de ses recherches, et Kim ne voulait pas du tout abandonner.

Il arriva à la dernière fenêtre, et à la dernière classe. Il crut reconnaître Leslie. Son cœur bondit de joie.

– C'est elle, c'est Leslie, se dit-il, tout heureux.

Il se pencha pour mieux voir et... perdit l'équilibre. Il se rattrapa de

justesse au rebord de la gouttière. Ses jambes pendaient dans le vide. Il avait l'air d'un pantin.

– Me voilà dans de beaux draps ! se dit Kim.

Soudain, un élève se retourna et le vit. Il prévint son voisin, et la classe fut bientôt mise au courant.

– Mais que fait ce singe, ici ? interrogea l'institutrice abasourdie.

– On va me prendre, songea Kim. Je dois m'enfuir.

Il sauta dans le vide et atterrit sans mal sur le sol.

– Ce n'était pas bien haut, reconnut-il.

Il regagna l'arbre où il était monté d'abord et regarda la cour vide.

Les enfants avaient rejoint leur place, l'institutrice reprenait son cours. Tout semblait bien. Seul, Kim était terriblement déçu. Il avait fait des kilomètres et il en était toujours au même point.

– Est-ce possible? se demandait-il. Est-ce possible?

Et que lui réservaient les jours à venir?

Chapitre XVI

KIM AU CINÉMA

Kim poursuivait sa route.

– Je vais connaître la ville par cœur, pensa-t-il.

Soudain, il tendit l'oreille.

– J'entends encore des enfants par ici, se dit Kim ; on dirait que ça vient

de là.
Il se dirigea vers une porte en haut d'un escalier métallique. Il gravit les marches, entra, affirma :
– Il y a quelqu'un.
Il redescendit au plus vite en pensant :
– Dommage, il y avait pourtant des enfants, j'en suis sûr. Je vais les trouver.

En regardant la façade, il vit une fenêtre pas très haute, avce des barreaux. Elle était ouverte.
Il approcha une poubelle du mur, parvint à se hisser jusqu'aux barreaux et regarda à l'intérieur.
– Parfait ! se dit-il.
En effet, juste au-dessous, se trouvait un lavabo. Il l'atteignit d'un saut habile, puis arriva au sol, et se retrouva devant une porte.
Il la poussa, entendit de nouveau les voix, longea un couloir et poussa une autre porte.
– Il fait noir ! pensa-t-il ; où suis-je arrivé ?
Dans une salle de cinéma...
C'était drôle. Des gens riaient en regardant un immense écran où un monsieur faisait des gestes bizarres.

– Que font-ils tous là? se demandait Kim intrigué. Ils sont assis et ils rient tous ensemble.
Il était tellement fatigué par les émotions de la journée qu'il chercha un coin tranquille tout au fond de la salle. Il choisit la dernière rangée de fauteuils, s'y installa derrière et s'endormit profondément. Il fut réveillé par des lumières vives qui s'allumèrent en même temps.
– Qu'y a-t-il encore? se demanda notre ami, ahuri tout à fait.
Les gens parlaient, les fauteuils claquaient, on se levait. Il y avait même un peu de bousculade. La foule avait hâte de sortir à présent.
Voyant la salle se vider, Kim décida de sortir aussi.
Il était si petit qu'il parvint à se

frayer un passage dans cette forêt de jambes en mouvement sans se faire remarquer ; les gens étaient si occupés à parler du film entre eux qu'ils ne s'aperçurent pas de sa présence. En revanche, ce fut une autre histoire lorsqu'il se retrouva sur le trottoir à la vue de tous.

Il n'eut même pas l'idée de se dissimuler sous les voitures. Il se mit à courir comme un fou, sous le regard surpris des passants.

Il était sûr d'être poursuivi, et il courait.

On va m'attraper, pensait-il.

Cependant, personne n'avait essayé de le suivre.

Il fut sauvé cette fois-ci par une camionnette dont les portes grandes ouvertes semblaient l'inviter à monter. Il s'y engouffra et se cacha sous un sac de toile.

– OUF! une fois encore!

A peine était-il installé qu'une main énergique ferma les portières. Peu après, le véhicule démarra. Où allait-il se retrouver?

Chapitre XVII

AMIS OU ENNEMIS?

La voiture roula pendant un certain temps. Kim était malheureux.
– Maintenant, je vais être complètement perdu... se dit-il.
Quand la voiture s'arrêta, il préféra rester immobile sous son sac et

attendit la suite des événements.
Qu'allait-il se passer ?
Il entendit le conducteur sortir et s'éloigner.
Au bout de dix minutes qui lui parurent des heures, il passa par-dessus le dossier et la vitre étant ouverte, hop ! il sauta à terre.
La voiture était garée devant une maison, au beau milieu d'une forêt,

semblait-il; il avait l'impression d'être revenu chez lui.

Il avança un peu, puis recula tout à coup, effrayé : un lion venait de surgir devant lui...

Paralysé par la peur, Kim semblait transformé en statue, mais il s'aperçut qu'un solide grillage le séparait du fauve. Il fut rassuré.

Le lion s'approcha du grillage, regarda le nouveau venu, puis lui tourna le dos; il alla se coucher un peu plus loin. Alors, sans plus s'occuper de Kim, il se lécha les pattes, tel un gros chat.

Kim était bien étonné devant cette façon d'agir. Ne lui avait-on pas recommandé des centaines de fois de se méfier des lions, des léopards et autres bêtes féroces?

– Que signifie? se dit-il.
Il marcha et se trouva nez à nez avec un énorme éléphant.
– Eh! Moustique!... appela l'éléphant, approche si tu veux voir ce que je sais faire!
Kim, intrigué, fit quelques pas vers lui, et hop! se trouva soulevé par la trompe de l'éléphant. Ce dernier le posa sur sa tête et questionna :
– Alors, tu es bien là-haut? La vue est belle? D'où sors-tu Moustique?...
– D'abord, je m'appelle Kim répondit le petit singe vexé.
Et il lui raconta son histoire.
L'éléphant fut stupéfait.
– Dis-donc, tu en as fait du chemin! Tu devrais te reposer un peu. D'ailleurs, à mon avis, tu ne

retrouveras pas tes amis. Reste avec nous; il y a d'autres singes ici.
Mais Kim secoua la tête.
– Ah non, merci! Je n'ai pas envie d'être en prison! Pourquoi êtes-vous enfermés?
L'éléphant se mit à rire :
– Nous ne sommes pas en prison! Nous nous trouvons même très bien. Autrefois, nous avons été blessés par

des chasseurs quand nous étions dans la forêt; le vétérinaire nous a recueillis, puis soignés; moi, j'étais tout petit quand il m'a sauvé. Au moins, ici, il n'y a pas de dangers, pas de chasseurs à l'affût; je peux me promener autant que je le veux en toute tranquillité; c'est presque aussi grand que la forêt. Maintenant, je t'emmène voir les singes.

Et lentement, le gros éléphant s'ébranla, Kim toujours perché sur sa tête; ils arrivèrent devant un grand grillage.

– Et ça? ce n'est pas une prison, peut-être? interrogea Kim.

– Pas du tout!... répliqua l'éléphant; c'est grand ici; s'il n'y avait pas ce grillage, ils s'échapperaient et feraient des dégâts.

De plus, les visiteurs ont le droit d'aller dans leur domaine. Ils leur apportent des friandises, des pop-corns surtout. C'est ce qu'ils préfèrent. Ils sont gourmands.

– Ah! dit Kim.

Il était un peu ahuri de ce qu'il apprenait. C'était drôle! Il fut interrompu dans ses pensées par un chimpanzé qui lui adressait la parole.

– Bonjour, toi. Que viens-tu faire ici? D'où sors-tu?

Il semblait sympathique. Kim n'hésita pas à lui raconter son histoire.

– Ma foi, dit le chimpanzé, on peut dire que tu as bien voyagé. Mais, à présent, tu devrais rester parmi nous. Tu verras, tu ne regretteras rien. Nous nous amusons beaucoup.

– Je veux retrouver mes amis, dit Kim. Je dois partir.

– Alors, bonne chance, dit le chimpanzé, et adieu!

Kim rejoignit la camionnette. Elle était toujours en stationnement.

Chapitre XVIII

EST-CE LESLIE ?

Kim avait bien fait de garder le même moyen de transport.
En effet, au bout de quelques minutes, la voiture démarra.
Vers quelle destination roulait-on cette fois ?

Le trajet ne fut pas bien long.
La voiture s'était arrêtée devant une jolie maison. Kim sauta du véhicule et n'eut pas de mal à se cacher. Le quartier semblait agréable. Il y avait de la verdure partout.
Des maisons aux façades accueillantes étaient construites dans des jardins bien entretenus.
Le terrain vague et ses affreux chats était bien loin !
Kim avançait tranquillement, mais un car arriva et l'obligea à se cacher dans un buisson ; le véhicule stoppa à quelques mètres de lui ; les voyageurs en descendirent.
Kim aperçut alors de nombreux enfants, venant du collège situé de l'autre côté de la ville.
– On dirait Leslie, pensa-t-il.

En effet, une petite fille, cartable au dos, s'éloignait en discutant gaiement avec une amie.

– Je vais les suivre. Je dois être sûr que c'est elle. Il faudrait voir sa tête ! se disait Kim...

Pour l'instant, il voyait deux nattes qui s'agitaient au cours de la conversation très animée. Quelles bavardes, ces filles !

Kim se décida à les suivre à quelques mètres de distance; il était tranquille : personne ne pouvait le voir dans ces massifs de fleurs.
Tout à coup, les petites filles s'arrêtèrent devant une boutique et regardèrent la vitrine d'un air gourmand.

– Je vais prendre une glace au chocolat, dit l'une.

– Moi, j'ai envie d'une gauffre avec plein de crème chantilly! répondit l'autre.

Elles semblaient décidées.

Elles entrèrent; Kim attendit.

Lorsqu'il les vit ressortir, il fut déçu. La fille qu'il prenait pour Leslie avait une partie de son visage dissimulée par une énorme gauffre, recouverte d'une montagne de crème. Elle y mordait à belles dents. Son amie éclata de rire.

– Si tu te voyais, Leslie! Tu as des moustaches énormes!

– Ne me fais pas rire! répondit Leslie en pouffant à son tour, je me mets de la crème partout!

Elles reprirent leur route.

Notre singe était enchanté. Elle s'appelait Leslie! Il touchait au but.

– Plus de doute, c'est bien elle! Enfin, je touche au but!

Dans sa joie, Kim se mit à faire des cabrioles et des pirouettes.

A quelques mètres de là, les fillettes s'arrêtèrent devant une maison, et Kim pensa :

– Ils habitent ici, sans doute. Je dois m'en assurer; c'est son prénom, mais je n'ai pas pu voir son visage à cause du gâteau.

Leslie et son amie semblaient avoir mille choses à se raconter; ça n'en finissait pas...

Kim songeait impatienté :

– Je voudrais qu'elle rentre.

Enfin, les deux amies se séparèrent.

– Ouf! se dit Kim, il était temps! La patience n'est pas mon fort.

Et il attendit la suite.

Chapitre XIX

LES RETROUVAILLES

La porte se referma sur Leslie.
– Bonsoir maman ! entendit Kim.
Il pensa :
– Si seulement je voyais Michaël, Chris ou leurs parents, je serais sûr qu'ils habitent là.

Comme pour lui en donner la certitude, une voiture arriva dans le jardin. Monsieur Sullivan et Chris descendirent du véhicule.
Kim se sentit joyeux.
– Cette fois, plus de doute! Ce sont eux. Mais où est Michaël?
Il n'avait pas encore revu le jeune garçon, son meilleur ami. Cela l'inquiétait.
Il décida de se rapprocher de la maison et d'y entrer. Mais comment? Et si les Sullivan ne voulaient plus de lui?
Kim réfléchissait profondément, lorsqu'une voiture stoppa devant le portail; il se jeta sous un rosier.
– Aïe, ça pique! se dit-il.
Ce n'était pas drôle du tout!
Un homme, une petite valise à la

main, sonna à la porte et dit :

– Bonsoir madame Sullivan ! Comment va notre malade ce soir ?

– Il m'inquiète, docteur ! il est sans réaction et refuse de manger.

– A-t-il de la fièvre ?

– Plus du tout.

– C'est bon signe !

Kim avait tout entendu ; nul doute : il s'agissait de Michaël…

Il fit le tour de la maison, monta sur la terrasse et se percha sur la balustrade; une pièce était éclairée, et à travers le rideau, il vit le docteur et madame Sullivan s'avancer dans la chambre; ils s'approchèrent d'un lit où était couché un enfant très pâle : Michaël!

Le cœur de Kim se mit à battre très fort. Pauvre Michaël! il semblait bien malade; il avait perdu ses joues si rondes.

Le docteur lui parlait doucement tout en l'examinant; il rangea ses instruments, parla à madame Sullivan, puis sortit de la chambre.

Michaël, épuisé, ferma les yeux.

Alors, Kim se précipita vers la porte d'entrée. Le docteur s'apprêtait à partir et discutait sur le seuil avec monsieur et madame Sullivan. Il disait :

– Il est sur la voie de la guérison, mais il doit manger pour reprendre des forces.

Kim, passant comme un bolide entre les jambes du docteur, entra dans la maison.

– Cette bête est à vous? interrogea le médecin stupéfait.

– Absolument pas! dit monsieur Sullivan non moins étonné.
– On dirait Kim, déclara madame Sullivan et elle appela aussitôt :
– Kim!... Kim!...
Mais Kim n'écoutait pas. Courant droit devant lui, il poussa une porte entrouverte : c'était la bonne!... D'un bond, il sauta sur le lit et enlaça le petit garçon en poussant

des petits cris...
Michaël, surpris, ouvrit les yeux et reconnut Kim aussitôt.
Alors, le miracle se produisit : un beau sourire illumina le petit visage aux traits tirés.
– Kim!... mon Kim... c'est toi! Papa! maman! Kim est ici! dit-il faiblement.
Il n'était pas besoin d'appeler plus fort. Toute la famille et le docteur avaient assisté à la scène avec émotion; une larme de joie coula sur la joue de madame Sullivan.
– Maintenant, votre petit Michaël sera vite sur pied avec un tel compagnon à ses côtés, dit le docteur. Je vous souhaite une bonne soirée!
Il s'en alla sur ces mots.
Kim fut entouré, caressé, cajolé.

Les Sullivan se demandaient par quel miracle ce petit singe avait réussi à les retrouver.

– Nous étions très tristes de ne plus te voir, lui dit Leslie, et Michaël a été très malade. En pleine fièvre, il t'appelait. Nous sommes allés te chercher dans ta forêt pour te ramener auprès de lui, mais tu avais disparu. Michaël a beaucoup pleuré, te croyant mort.

– Nous ne l'avons pas trouvé parce qu'il était parti à notre recherche, dit Chris, voilà là raison.

– Tout est bien qui finit bien ! conclut monsieur Sullivan.

– Oui, dit Michaël radieux.

La vie lui semblait très belle.

Chapitre XX

LA VIE DE CHÂTEAU

Le docteur avait vu juste.
Michaël était si heureux d'avoir retrouvé Kim qu'il se mit à manger de nouveau.
Ainsi, il put rapidement se lever et entra en convalescence.

– Tu vois, papa, tu n'avais pas voulu que nous le ramenions à la maison le premier jour et cela ne lui aurait pas déplu puisqu'il est venu de lui-même. On va le garder, maintenant ? demanda Leslie.

– J'avais peur qu'il soit malheureux loin des siens et de sa forêt, mais les circonstances nous prouvent le contraire. Il s'est attaché à nous et il a sûrement risqué sa vie pour nous retrouver; c'est lui qui nous a adoptés; respectons son choix, répondit monsieur Sullivan.

Ainsi commença une nouvelle vie pour Kim.

Il ne quittait plus Michaël et partageait tous ses jeux.

Le petit garçon totalement guéri, il l'accompagnait jusqu'à l'école, assis à côté de lui dans la voiture conduite par madame Sullivan. C'était la même école où il avait été aperçu par les élèves et leur institutrice. Pendant les heures de classe, tout seul avec madame Sullivan, il lui tenait compagnie et lui parlait à sa manière. Madame Sullivan avait l'air de parfaitement le comprendre et elle lui répondait. Le dialogue se poursui-

vait longtemps.
Kim évitait de faire des bêtises. Ainsi, il ne se suspendait pas aux lustres ou aux rideaux et aidait de son mieux madame Sullivan dans les soins du ménage.
– C'est très bien, lui disait madame Sullivan, ton éducation est parfaite.
Et Kim poussait de nombreux cris de joie en frappant dans ses mains.

Son seul gros défaut était la gourmandise. Il ne pouvait se passer de bananes. Il aurait fait n'importe quoi pour en avoir.
Il connaissait l'heure où il irait chercher Michaël. Il se précipitait près de la voiture. Il s'expliquait à sa façon montrant ainsi son bonheur.
– Nous partons, Kim, disait madame Sullivan. Nous allons chercher Michaël. La vie se déroulait ainsi, fort agréable, le moment de la toilette excepté. Kim n'aimait pas trop être baigné; mais il ne voulait pas déplaire à Michaël et il se laissait faire.
Il leur arrivait, le dimanche, de retourner auprès du baobab. Kim participait à la pêche, aux jeux, se délassait, courait, grimpait dans son

arbre, puis, le soir venu, se hâtait de reprendre place dans la voiture.

Il ne regrettait en rien sa liberté. Il avait choisi de vivre avec cette sympathique famille. Pour elle, il avait affronté de nombreux dangers. Il avait été récompensé. Son seul désir était de ne plus jamais perdre les Sullivan. Il les aimait trop.

Comme pour lui donner raison, Michaël, un soir, lui avoua en se couchant :

– Tu es un frère pour moi, tu es mon grand ami.

Table des matières :

N° d'impression : 370286

ISBN : 2-8006-0647-9
Dépôt légal : 4.86/0058/36